굴렁쇠랑 새총이랑
신명 나는 옛날 놀이

글 **햇살과나무꾼**

햇살과나무꾼은 어린이책을 사랑하는 사람들이 모여 만든 기획실로 세계 곳곳에 묻혀 있는 좋은 작품을 찾아 우리말로 소개하고 어린이의 정신에 지식의 씨앗을 뿌리는 책을 집필하고 있습니다. 지금까지 쓴 책으로는 『가마솥과 뚝배기에 담긴 우리 음식 이야기』 『우리 땅에서 사라져가는 생명들』 『조상들의 지혜가 하나씩 15가지 생활과학 이야기』 『우리나라가 보여요』 등이 있고, 옮긴 책으로는 『학교에 간 사자』 『로쿠베, 조금만 기다려』 『지붕 위의 수레바퀴』 『작은 책방』 등이 있습니다.

그림 **정지윤**

서울에서 태어나 홍익대학교 동양학과를 졸업하고 어린이책에 그림을 그리고 있습니다. 그린 책으로 《다 콩이야》 《우리 동네 한 바퀴》 〈거북이 마을 시리즈〉(전4권) 《세종대왕을 찾아라》 등이 있습니다.

옛 물건으로 만나는 우리 문화 07
굴렁쇠랑 새총이랑 신명나는 옛날 놀이

초판 1쇄 발행 2007년 10월 5일 | 초판 8쇄 발행 2022년 5월 31일
글쓴이 햇살과나무꾼 | **그린이** 정지윤 | **펴낸이** 김사라 | **펴낸곳** 해와나무
출판등록 2004년 2월 14일 제312-2004-000006호
주소 서울특별시 영등포구 양산로23길 17 2층 | **전화** (02)364-7675(내용), 362-7675(구입) | **팩스** (02)312-7675
ISBN 978-89-91146-83-9 74380   978-89-91146-19-8 (세트)
ⓒ 햇살과나무꾼, 정지윤 2007

· 값은 뒤표지에 있습니다.
· 책 내용의 일부 또는 전부를 인용하거나 발췌하려면 반드시 저작권자와 출판사 양측의 서면 동의를 구해야 합니다.

제조자명: 해와나무 **제조국명**: 대한민국 **제조년월**: 2022년 5월 31일 **대상 연령**: 8세 이상
전화번호: 02-362-7675 **주소**: 서울특별시 영등포구 양산로23길 17 2층
*KC마크는 이 제품이 공통안전기준에 적합하였음을 의미합니다.

굴렁쇠랑 새총이랑
신명 나는 옛날 놀이

햇살과나무꾼 글 | 정지윤 그림

해와나무

옛 물건과 함께 과거로 시간 여행을 떠나요

오래 가지고 놀던 장난감, 오래 읽은 동화책, 오래 메고 다닌 가방……. 이렇게 오래 쓴 물건에는 추억이 담겨 있어요. 그래서 아무리 낡아도 쉽사리 버리지 못하고 자기만의 보물 상자에 고이고이 간직하게 되지요.

그렇다면 우리 겨레가 옛날부터 써 온 물건에는 얼마나 많은 추억이 깃들어 있을까요?

설날 허리춤에 매달고 다니는 복주머니에는 새해를 맞아 만복이 깃들기 바라던 겨레의 마음이 담겨 있어요. 시골집 장독대에 나란히 놓인 옹기에는 먹을 것을 구하기 힘든 때를 대비해 장과 김치를 담그던 겨레의 지혜가 담겨 있고요.

큰 고을 관아마다 하나씩 설치되어 있던 측우기에는 비가 온 양을 측

정해 이용하려던 겨레의 과학성이 숨어 있고, 마을 어귀에 우뚝 서 있는 장승에는 나그네의 안전을 빌어 주던 옛사람들의 인정이 숨어 있지요.

'옛 물건으로 만나는 우리 문화' 시리즈는 대대로 이어지는 옛날 물건을 통해 우리 겨레의 삶과 지혜, 문화와 풍습을 살펴보고자 마련되었어요.

복주머니와 그네, 가마솥과 뚝배기, 쟁기와 물레 등 손때 묻은 옛 물건들과 함께 과거로 시간 여행을 떠나 보도록 해요. 그래서 역사 속에 생생하게 살아 있는 옛 물건을 살펴보고, 옛 물건 속에 생생하게 살아 있는 역사를 찾아봅시다.

| 들어가는 글 | 골목길도 들판도 신 나는 놀이터 | 8 |

이야기마당 심심한 대감 ... 10

정보마당 풀도 열매도 다 놀잇감, 자연 속에서 놀아요 ... 18
풀각시 | 호드기 | 풀제기 | 도토리 그릇 | 거미줄 잠자리채 | 삘기

뚝딱뚝딱 내 손으로 만드는 장난감들 ... 22
대말 | 굴렁쇠 | 자치기 막대 | 팽이 | 새총 | 콩 주머니

텀벙텀벙 신 나는 물놀이 ... 26
족대 | 풀잎 물레방아 | 통발 | 다래끼 | 조약돌 | 나뭇잎 배

도개걸윷모 재미있는 윷놀이 ... 30
가락윷 | 밤윷 | 윷말판 | 멍석 | 신라 시대 주사위 | 윤목과 승람도

하늘 높이 날아라, 즐거운 연날리기 ... 34
방패연 | 한지와 댓살 | 얼레 | 사금파리 가루 | 가오리연 | 바람개비

풍년을 소망하는 놀이, 줄다리기 ... 38
몸줄 | 소금 | 볏짚 | 오곡밥 | 애기줄 | 솔잎

으라차차 씨름 한 판이면 온 동네가 떠들썩 ... 42
샅바 | 황소 | 잠방이 | 엿판과 엿가위 | 경회루 | 투전

울긋불긋 치맛자락을 날리며 뛰는 그네 46
그네 | 땅그네 | 널 | 노리개 | 방울 | 안전줄

재미있게 일해요, 두레놀이 50
꽹과리, 징, 장구, 북, 태평소 | 도리깨 | 점심 광주리 | 바가지 | 농기 | 베틀

백성들이 좋아하던 탈놀이 54
탈 | 말뚝이탈 | 하회탈 | 양반탈 | 사자탈

마을과 마을이 맞붙는 차전놀이 58
동채 | 제사상 | 나무쇠 | 구군복 | 짚신

배움마당 수수깡은 최고의 장난감 재료 62

땅바닥에 쓱쓱 금을 긋고 노는 십자놀이 64

돼지 오줌보는 최고의 축구공 66

서당 아이들의 신 나는 운동회, 가마싸움 68

장기판은 초나라와 한나라의 전쟁터 70

반란군을 물리친 연날리기 72

강강술래와 함께 하는 놀이 74

벼슬살이를 공부하는 놀이가 있었다고? 76

양반들은 무엇을 하며 놀았을까? 78

익힘마당 칠교놀이 80

골목길도 들판도
신 나는 놀이터

　학교를 마치고 놀이터로 나가 보면 참 쓸쓸해요. 친구들은 대부분 학원에 가고 놀이터에는 온통 엄마 손을 잡고 나온 동생들뿐이지요. 옛날에는 달랐답니다. 한겨울에도 골목으로 나가면 함께 놀 수 있는 친구들이 많았어요. 십자놀이, 자치기, 소꿉놀이, 제기차기……. 친구들과 이런저런 놀이를 하다 보면 하루가 어떻게 가는지도 몰랐지요.

　그뿐인가요? 정월 대보름에는 줄다리기와 연날리기, 오월 단오에는 씨름과 그네뛰기 등 열두 달 찾아드는 명절마다 신 나는 놀이판이 벌어졌어요. 그 중에는 아이, 어른, 남자, 여자 할 것 없이 온 마을 사람들이

 함께 할 수 있는 놀이도 많았답니다. 이렇게 모두가 어울려 놀면서 우리 조상들은 어려움을 함께 헤쳐 나갈 힘을 키웠지요.
 놀이는 바쁜 농사철에 농부들의 땀과 피로를 씻어 주는 데도 큰 역할을 했어요. 모내기나 김매기 같이 힘든 농사일도 흥겨운 노랫소리에 맞추어 함께 하다 보면 일의 능률이 높아지고 힘겨움도 잊었지요.
 이 책에는 바로 이런 이야기가 담겨 있어요. 집 안에서 골목길에서 들판에서 일 년 열두 달 펼쳐지던 재미있는 놀이들을 소개하고 있답니다.
 이제 책장을 넘기고 신 나는 전통 놀이의 세계로 들어가 볼까요?

심심한 대감

옛날에 일을 그만두고 물러난 재상이 하나 있었어요. 벼슬살이를 할 때는 몹시 바빴는데, 이제 재상은 너무 심심했어요.

"아, 심심해. 어디 재미난 일이 없을까?"

아침부터 저녁까지 재상은 놀 거리만 찾았어요. 그러다가 하루는

이런 방을 붙였어요.

누구든지 한꺼번에 세 가지 거짓말을 하는 사람에게
돈 천 냥을 주겠음. - 심심한 재상

재상의 집에는 사람들이 줄을 이었어요.
"글쎄, 머리가 셋이고 팔이 여섯 개인 아이를 보았지 뭡니까?"
"세상에, 우리 집 닭이 어제 황금 달걀을 낳았어요!"
"어제 시장에 갔더니 동해 용왕이 노인으로 변해 두부를 팔고 있지 않겠어요?"
사람들은 터무니없는 거짓말을 늘어놓았어요. 하지만 재상은 넘어가지

앉았어요.

"그래, 그래서?"

"누가 아니라나? 나도 보고 깜짝 놀랐다네."

"맞아, 그런 일이 곧잘 일어나지."

하고 맞장구를 쳤지요.

결국 아무도 상금을 타 가지 못했어요.

그러던 어느 날, 거지꼴을 한 총각 하나가 재상을 찾아왔어요.

"거짓말을 한번 해 보려고 왔습니다."

"어디 들어나 보세."

재상은 담뱃대를 물고 삐딱하니 총각을 바라보았어요.

"제가 겉보기에는 이래도 엄청난 부자랍니다. 아마 재상님보다 재산이 몇백 배 많을걸요. 그럼 제가 어떻게 부자가 되었는지 들려드리지요.

저는 새끼를 아주 잘 꼰답니다. 하루는 새끼를 꼬아 백두산을 다 덮을 만큼 커다란 그물을 만들었지요. 마침 만 리 가는 바람이 불기에 저는 그물을 바람에 띄워 백두산을 덮었습니다. 그 그물을 끌어올리니 산짐승

수백 마리가 나오더군요. 저는 그 짐승들의 털과 고기를 팔아 돈을 벌었습니다. 여기 그 중에서도 가장 귀한 호랑이 고기를 가져왔으니, 한번 잡숴 보시지요."

총각은 재상 앞으로 뭔가를 쑥 내밀었어요.

재상은 기겁을 했어요.

"아니, 이게 어찌 호랑이 고기냐? 쥐 고기지."

"그렇죠? 그럼 거짓말을 한 번 했습니다."

그러고서 총각은 두 번째 이야기를 시작했어요.

"저희 증조할아버지께서 이 댁 할아버지와 친구 사이셨다는 이야기는 대감님께서도 들으셨죠?"

아니라고 했다가는 또 당할 것 같아서 재상은 그렇다고 했어요.

"그래, 그래서?"

"그때 이 댁 할아버지께서 저희 증조부께 '우리 자손들도 우리처럼 허물없이 지내도록 하세.'라고 하셨답니다. 그 말씀을 따르자면 저도 대감님을 허물없이 대해야 하는데 그래도 되겠습니까?"

"그래, 그러게."

재상이 대답했어요.

그러자 총각이 말했어요.

"이보게, 김 대감."

순간, 재상은 얼굴이 붉으락푸르락해졌어요. 아무리 내기가 중요해도 새파랗게 젊은 상것에게 반말을 들을 수는 없었어요.

재상이 소리를 버럭 질렀어요.

"네 이놈, 나는 양반이고 너는 상것인데 어찌 네 놈이 나와 친구가 될 수 있단 말이냐? 어찌 우리 조상이 네 놈의 조상과 친구로 지낼 수 있었단 말이냐?"

총각이 다시 씨익 웃었어요.

"그럼 거짓말을 두 번 했습니다."

거짓말이라고 하니 화도 낼 수 없어 재상은 헛기침만 했어요.

그때 총각이 세 번째 이야기를 시작했어요.

"우리 마을 뒷산에는 돌부처가 하나 있습니다. 그 돌부처 앞에는 커다란 대추나무가 한 그루 있지요. 얼마 전에 제가 그 대추나무 앞을 지나는데, 글쎄 주먹만 한 대추가 주렁주렁 달려 있지 않겠습니까?

하지만 너무 높은 가지에 달려 있어 딸 수가 없었지요. 어떻게 하나 하고 보니 주위에 강아지풀이 있더군요. 저는 강아지풀을 뜯어다가 돌부처의 콧구멍을 살살 간질였습니다. 그러자 돌부처가 천지를 뒤흔들 듯 재채기를 했지요. 덕분에 대추가 와르르 쏟아졌습니다."

"그래, 그래서?"

"얼른 대추를 광주리에 담았지요. 세 광주리나 되더군요. 대추 값이 비싸서 한 광주리에 천 냥씩 하고 있었는데 대감께서 그 대추 참 좋다고 하시면서 세 광주리를 사지 않으셨습니까?"

재상은 아니라고 할 수 없어 고개를 끄덕였어요.

"그래, 그래서?"

그러자 총각이 말했어요.

"제가 오늘 찾아온 것도 그 때문입니다. 그때 대감께서 대추 값 삼천 냥을 석 달 뒤에 받으러 오라시지 않으셨습니까? 오늘이 바로 석 달째 되는 날이니, 얼른 돈을 주시지요."

재상은 기가 막혔어요. 그렇다고 했다가는 생돈 삼천 냥을 내놓아야 하고, 아니라고 했다가는 내깃돈 천 냥을 내놓아야 할 판이었어요. 재상은 눈을 끔뻑거리며 머릿속으로 주판알을 튕겨 보았어요. 그러다가 담뱃대를 냅다 던지며 소리쳤지요.

"에이, 이놈아, 내가 언제 네 놈한테 대추를 샀느냐? 거짓말하지 말거라."

총각이 씨익 웃었어요.

"세 번째 거짓말도 인정하셨습니다. 그럼 어서 천 냥을 주시지요."

그런데 재상이 한숨을 푹 쉬었답니다.

"그래, 자네가 이겼네. 한데 어쩌지? 어젯밤에 우리 집에 도둑이 들어서 말이야. 아무래도 좀 기다려 줘야겠는데, 괜찮겠나?"

사실 재상은 돈을 줄 마음이 없었어요. 이 핑계, 저 핑계를 대며 시간을 끌어 총각이 제풀에 포기하게 할 작정이었지요. 총각은 재상의 꿍꿍이를 단박에 알아차렸어요. 그래서 이렇게 대답했답니다.

"그럼요. 저도 실은 상금을 바라고 온 게 아닌걸요. 백성들은 먹고 살기가 힘들어 아우성을 치는데, 한다하는 양반님이 장난 거리만 찾는 게 한심해서 온 것뿐입니다. 이렇게 놀 시간이 있으면, 가난한 백성들 형편이나 한 번 더 살펴 주시지요."

그러고서 총각은 휭 하니 가 버렸어요. 재상은 얼굴이 빨갛게 달아올랐고, 소문을 들은 백성들은 "그 총각 말 한번 잘했네!" 하고 박수를 쳤답니다.

풀도 열매도 다 놀잇감, 자연 속에서 놀아요

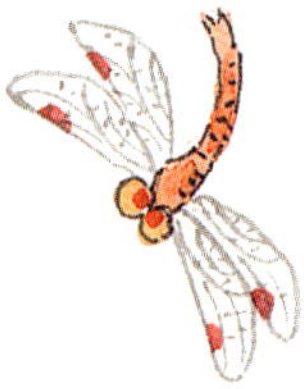

컴퓨터도 텔레비전도 없던 옛날에 아이들은 무엇을 하며 놀았을까요? 컴퓨터 게임도 못 하고 만화영화도 못 봤을 텐데, 하루 종일 심심하지 않았을까요? 옛날에는 산과 들, 숲 같은 자연이 어디든 펼쳐져 있었어요. 옛날 아이들은 자연 속에 사는 작은 동물이나 곤충들과 친구가 되고 풀이나 꽃, 나뭇가지와 나무 열매를 가지고 재미있게 놀았답니다. 게다가 자연은 사계절 내내 모습이 달라져서 아이들에게 늘 새로운 놀이터를 찾는 즐거움을 주었지요.

풀각시

풀로 만든 각시 인형이에요. 나뭇가지나 수수깡으로 몸체를 만들고 잎이 기다란 풀로 머리를 쫑쫑 땋은 다음에 보릿대를 비녀처럼 꽂지요. 바느질을 할 줄 아는 아이들은 헝겊으로 옷을 만들어 입히고 병풍과 이불을 지어 방도 꾸며 주었어요.

풀각시를 잘 만들려면?

풀각시의 매력은 곱게 땋은 머리에 있어요. 풀을 더운 재 속에 잠깐 묻어 두거나 뜨거운 물에 살짝 데치면 부드러워져서 머리가 훨씬 잘 땋아진답니다.

호드기

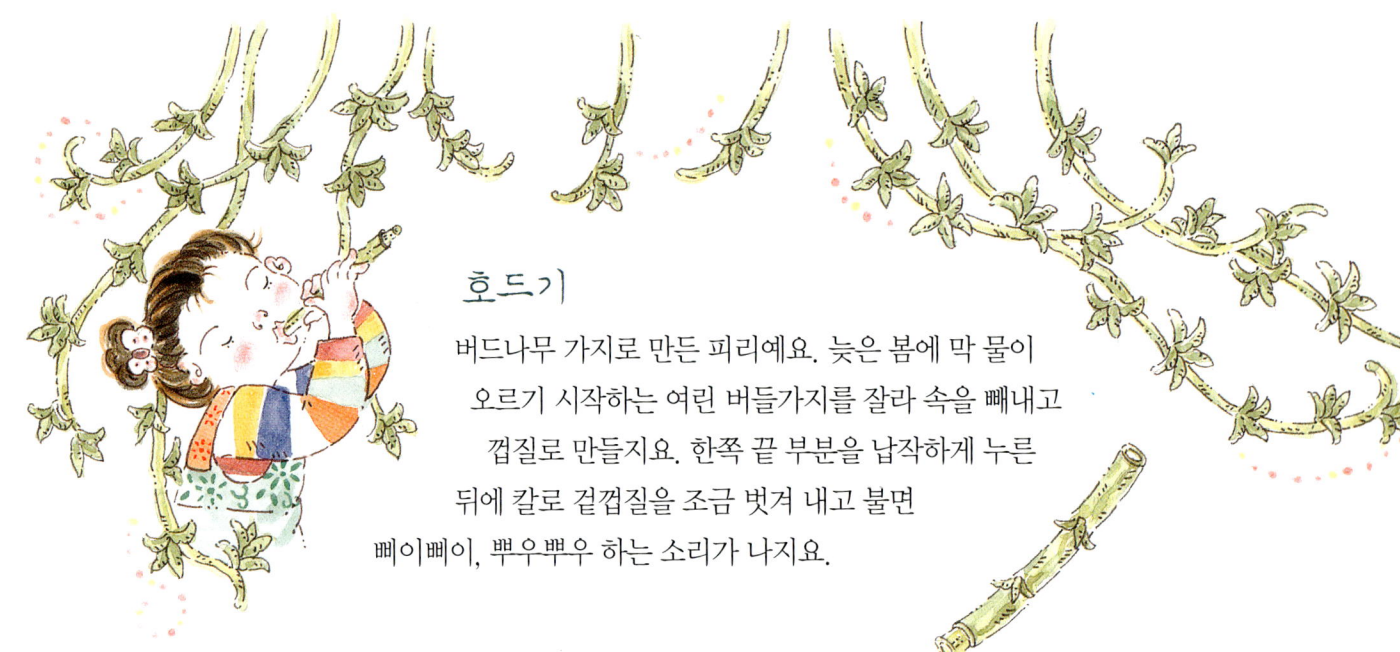

버드나무 가지로 만든 피리예요. 늦은 봄에 막 물이 오르기 시작하는 여린 버들가지를 잘라 속을 빼내고 껍질로 만들지요. 한쪽 끝 부분을 납작하게 누른 뒤에 칼로 겉껍질을 조금 벗겨 내고 불면 삐이삐이, 뿌우뿌우 하는 소리가 나지요.

풀제기

풀을 묶어 만든 제기예요. 질경이나 냉이처럼 모양이 제기와 비슷한 풀은 묶지 않고 그대로 차고 놀 수 있어요.
오른발 왼발 번갈아 차거나, 여럿이 두 편으로 나누어 겨루기를 해도 재미있지요.

도토리 그릇

가을에 상수리나무가 우거진 숲 속에 가면 도토리가 아주 많아요. 도토리 깍지는 꼭 조그만 그릇처럼 생겨서 소꿉놀이를 할 때 요긴하게 쓰였지요. 깍지를 벗겨 낸 도토리로는 공기놀이도 하고 뾰족한 나무를 꽂아 팽이도 만들었어요.

거미줄 잠자리채

잘 휘는 나무줄기로 둥그런 테를 만들어 장대 끝에 달고 거미줄을 겹겹이 감아 만들어요. 끈적끈적한 거미줄을 여러 겹 겹쳐 감으면 제법 튼튼해서 작은 날벌레는 물론이고 잠자리나 매미처럼 큰 곤충도 거뜬히 잡을 수 있답니다.

삘기

'띠'라는 풀의 어린 이삭이에요. 입에 넣고 씹으면 단맛이 나고 껌처럼 질겨져요. 삘기를 비롯해 진달래꽃, 아카시아 꽃, 찔레 순, 산딸기, 오디 같은 먹을 수 있는 풀과 열매를 찾는 일도 옛날 아이들에게는 아주 재미있는 놀이였어요.

뚝딱뚝딱 내 손으로 만드는 장난감들

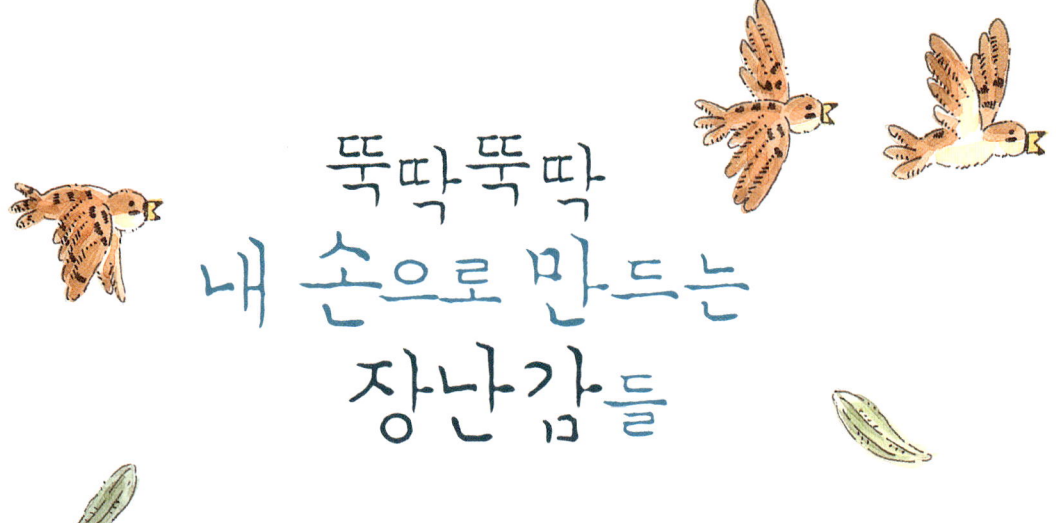

　요즘은 문방구나 장난감 가게에서 장난감을 쉽게 살 수 있어요. 하지만 옛날에는 대부분 집에서 직접 만들었지요. 부러진 대나무나 찌그러진 수레바퀴로도 근사한 장난감을 만들 수 있어요. 운 좋게 Y자로 잘생긴 나뭇가지나 구하기 힘든 굴렁쇠라도 손에 넣은 날이면 아이들은 하늘을 날 듯 기뻐했지요.

죽마고우란?

대말을 한문으로 죽마라고 해요.
죽마고우란 대말을 타고 함께 놀던
오래된 친구를 가리키는
사자성어랍니다.

대말

긴 대나무를 잘라서 만든 장난감 말이에요. 밑에 발 디딤대가 있어 그것을 딛고 서게 되어 있지요. 처음 대말을 탈 때는 서 있기도 힘들지만 여러 번 연습하면 성큼성큼 걸어 다닐 수 있어요. 그러면 아이들은 정해 놓은 곳까지 먼저 가기 내기를 하거나 편을 갈라 이어달리기를 하면서 놀았지요.

굴렁쇠

쇠붙이나 대나무로 만든 둥근 테를 말해요. 굴렁대로 굴리며 놀았는데, 울퉁불퉁한 논두렁에서는 넘어질 듯 말 듯 굴리는 재미가 있고 좁은 골목길에서는 이리저리 방향을 바꾸며 굴리는 재미가 있어요. 여럿이 놀 때는 기차처럼 한 줄로 늘어서서 앞사람의 허리를 잡은 채 굴리거나 편을 나누어 이어달리기를 했어요.

자치기 막대

자치기를 할 때 쓰는 막대예요. 긴 막대기를 '어미자'라고 하고 짧은 막대기를 '새끼자'라고 해요. 땅바닥에 금을 긋거나 홈을 파서 집을 정하고 한편이 어미자로 새끼자를 쳐서 날려 보내면 다른 한편이 이것을 받아 집으로 던지며 놀았답니다.

팽이

박달나무나 대추나무처럼 무겁고 단단한 나무로는 팽이를 만들었어요. 팽이치기는 혼자 할 때보다 여럿이 함께 할 때 훨씬 재미있어요. 오래 돌리기, 부딪혀서 쓰러뜨리기, 팽이를 돌리며 정한 곳까지 먼저 갔다 오기, 세게 쳐서 멀리 보내기 같은 재미있는 겨루기 방법이 많이 있답니다.

새총

Y자 모양으로 생긴 나뭇가지에 고무줄을 매어 만들어요. 고무줄을 몸 쪽으로 세게 당겼다가 놓으면 돌멩이가 튕겨 나가 목표물을 맞히지요. 힘세고 솜씨 좋은 어른들은 실제로 새를 잡기도 했지만, 아이들은 대개 장난으로 가지고 놀았어요.

콩 주머니

콩이나 팥, 쌀을 넣어 손에 잡힐 만한 크기로 만든 주머니예요. 여자 아이들이 많이 가지고 놀았지요. 여러 개를 번갈아 던져 올리거나, 여럿이 편을 갈라 상대편의 몸을 맞히는 콩 주머니 던지기를 많이 했어요.

텀벙텀벙 신나는 물놀이

덥고 땀나는 여름철에는 시원한 물이 있는 냇가나 강가가 최고의 놀이터였어요. 갈대로 만든 통발로 물고기를 잡고, 헤엄치고 물장구치며 놀다 보면 하루해가 어떻게 저무는지 알지 못했지요. 여름 내내 물놀이를 하면서 아이들은 바닥이 평평하고 물이 얕은 곳이 어디쯤인지도 눈여겨보아 두었어요. 그러고서 겨울이 되어 물이 꽁꽁 얼면 그곳으로 와서 썰매를 탔답니다.

족대

양 옆에 나무 손잡이가 달린 그물이에요. 족대로 물고기를 잡을 때는 대개 여럿이 역할을 나누어 움직였어요. 한쪽에서 두 사람이 족대를 펼치고 기다리고 있으면, 한쪽에서는 다른 사람들이 족대 쪽으로 물고기를 몰았지요. 족대질도 재미있지만 다리를 텀벙거리며 노는 것도 꽤 신 나는 장난이었답니다.

족대질, 이렇게 해봐요.
민물고기들은 큰 돌 밑이나 물풀이 무성한 곳에 숨어 있기를 좋아해요. 물이 흘러가는 쪽을 족대로 막고 커다란 돌을 들추거나 물풀을 훑으면 제법 많은 물고기를 잡을 수 있어요.

풀잎 물레방아

손재주가 좋은 아이들은 억새나 갈대 잎으로 물레방아를 만들기도 했어요. 물살이 빠른 곳에서 풀잎 물레방아는 바람개비처럼 빙글빙글 잘 돌아갔어요.

통발

가는 댓살이나 싸리를 엮어 통처럼 만든 고기잡이 도구예요. 입구는 있지만 끝이 막혀 있어서 통발 안으로 들어간 물고기는 다시 거슬러 나오지 못해요. 통발 안에 된장이나 깻묵 같은 미끼를 넣어 두면 물고기를 더 많이 잡을 수 있답니다.

다래끼

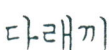

통발 대신에 물이 잘 빠지는 바구니로도 물고기를 잡을 수 있어요. 다래끼는 짚이나 대나무를 엮어서 짠 바구니인데, 쓸모가 많아서 집집마다 여러 개씩 만들어 두고 사용했어요. 여름이면 집에 있는 다래끼를 몰래 들고 나와 고기잡이를 하다가 혼이 나는 아이들도 많았답니다.

조약돌

강가에 가면 물에 닳아서
반질반질하게 빛나는 예쁜 조약돌이
아주 많아요. 도토리만한 조약돌은 공기놀이에 쓰고,
조금 크고 납작한 조약돌은 강물 위로 통통 튀겨
물수제비를 뜨면 재미있지요.

나뭇잎 배

물가에서는 커다란 떡갈나무 잎, 길쭉한 대나무 잎,
삐죽삐죽 밤나무 잎 등으로 나뭇잎 배를 만들어
놀 수도 있어요. 울퉁불퉁하지만 가벼워서
물에 잘 뜨는 나무껍질로도 근사한 배를
만들 수 있답니다.

도개걸윷모
재미있는 윷놀이

윷놀이는 네 개의 나무 가락을 던져서 윷판 위의 말을 옮기며 노는 놀이예요. 삼국시대 이전부터 전해 오는 놀이라고 알려져 있지요. 윷놀이는 방법이 쉽고 간단해서 아이부터 어른까지 모두 함께 즐길 수 있어요. 윷가락 네 개가 엎어지고 젖혀진 모양에 따라서 도가 나오면 말판 위의 말이 한 발, 개는 두 발, 걸은 세 발, 윷과 모는 각각 네 발과 다섯 발씩 갈 수 있어요. 윷과 모가 나오면 한 번 더 던질 수 있는 기회도 주어진답니다.

말판 없이 하는 윷놀이도 있다고?
윷만 던져 하는 윷놀이도 있었어요.
콩이나 나뭇가지를 갖다 놓고 윷을 던져 나온
결과에 따라 정해진 수의 콩이나 나뭇가지를
가져가 많이 가진 편이 이겼지요.

가락윷

가락 모양을 하고 있는 윷이에요. 네 개가 한 짝을 이루는데, 대개 한 뼘 남짓한 막대기를 반으로 쪼개 만들지요. 옛날에는 어두운 등잔불 밑에서도 잘 볼 수 있도록 겉은 검고 속은 하얀 밤나무로 만들곤 했어요. 또, 윷이 엎어질 듯하다가 젖혀지고 젖혀질 듯하다가 엎어질 수 있도록 등과 배를 둥글게 깎아 냈답니다.

밤윷

나무토막을 넷으로 나누어 밤톨만 하게 만든 윷이에요. 조그만 종지에 담아 손으로 쥐고 흔들다가 윷을 바닥에 떨어뜨리지요. 밤윷 말고 콩이나 팥을 절반씩 쪼개 만든 콩윷과 팥윷도 있답니다.

윷말판

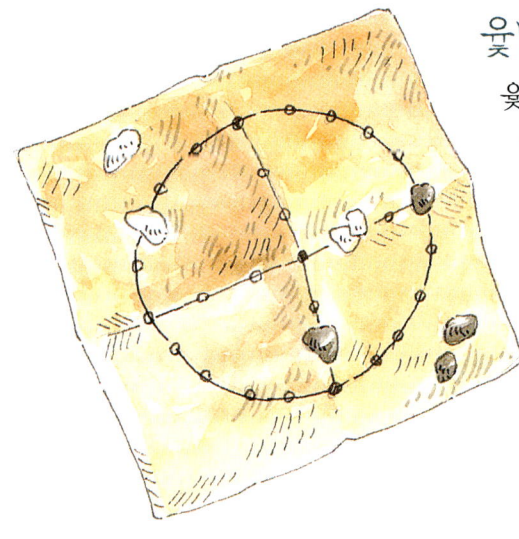

윷말을 쓰는 판이에요. 농사를 관장하는 하늘과 땅, 별을 본떠 만들었다고 하지요. 오늘날 윷놀이는 단순한 놀이일 뿐이지만, 아주 먼 옛날에는 윷놀이로 한 해 농사가 잘될지 못될지 점을 쳤대요. 그래서 윷놀이는 아무 때나 하지 않고 정월 초하루부터 보름까지만 하다가 예외 없이 그만두었답니다.

멍석

윷놀이는 멍석이나 짚방석 위에서 하는 것이 가장 좋아요. 바닥이 너무 푹신하면 윷가락이 잘 구르지 않고 너무 딱딱하면 윷가락이 튕겨 나오거든요. 옛날에는 윷을 던져 윷가락이 멍석 밖으로 나가면 그 판을 무효로 하거나 벌칙을 내리기도 했어요.

신라 시대 주사위

윷처럼 나무 가락을 던지거나 굴려서 노는
놀이 도구로 주사위가 있어요.
이 주사위는 신라 시대에 쓰던 것인데,
술 석 잔 내리 마시기, 시 한 수 읊기,
얼굴을 간질여도 꼼짝 않기와 같은
재미있는 벌칙들이 14면에 적혀
있답니다.

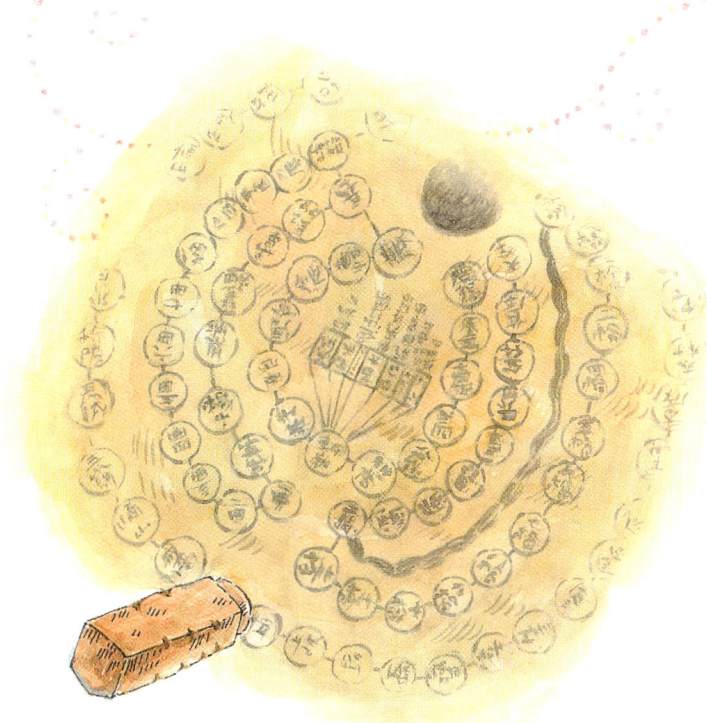

윤목과 승람도

윤목은 5각형으로 생긴 나무 가락에
눈금을 표시한 놀이도구예요. 승람도
놀이를 할 때 썼지요. 승람도는
전국의 명승지를 그려 놓은 지도인데,
윤목을 던져서 나온 수만큼 유람을 하다가
전국을 한 바퀴 먼저 돌아 나온 사람이
이기는 놀이예요.

하늘 높이 날아라, 즐거운 연날리기

바람이 세찰수록 신 나는 놀이가 있어요. 바로 연날리기예요. 연줄을 팽팽하게 당기면서 하늘 높이 연을 날리면 내 몸까지 날아갈 듯 기분이 좋지요. 연날리기는 설날 무렵부터 정월 대보름까지 많이 했어요. 아이들은 논밭이나 들판, 냇가나 길가에서 누가 더 높이 연을 띄우는지 내기도 하고 연줄을 서로 엇갈리게 걸고 비벼서 연줄 끊기도 했답니다.

연은 어떻게 띄울까?

연을 잘 띄우려면 바람의 방향을 잘 살펴야 해요.
바람이 불어 가는 쪽을 보고 선 다음, 연줄을 천천히
풀면서 연을 놓으면 바람결을 따라
연이 두둥실 떠오르지요.

방패연

우리나라의 대표적인 연이에요. 가로보다 세로가 좀 더 긴 방패 모양을 하고 있고
가운데에 동그란 구멍이 하나 뚫려 있어요. 이것을 방구멍이라고 하는데, 방구멍 덕분에
우리나라 연은 세찬 바람에도 쉽게 망가지지 않는답니다. 바람이 방구멍을 통해
잘 빠져나가기 때문이지요.

한지와 댓살

연은 가볍고 질긴 한지에 가느다란 댓살을 붙여 만들어요.
댓살을 한지에 붙일 때는 매끈한 바깥쪽이 아니라 안쪽에 풀칠을 해야 떨어지지 않아요.

얼레

연줄이나 낚싯줄을 감는 나무틀을 가리켜요.
연날리기를 할 때는 얼레에 감긴 줄을 풀고 튕기고 이쪽저쪽으로 흔들어 연을 조정하지요.
이것을 얼레질이라고 하는데, 연줄 끊어먹기를 할 때는 얼레질을 잘해야 이길 수 있어요.

사금파리 가루

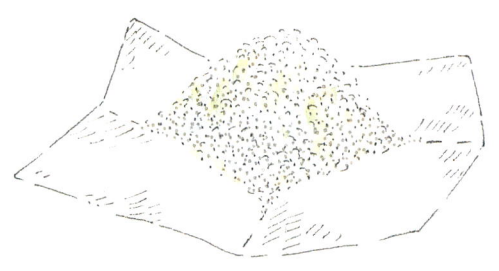

사기그릇이 깨진 작은 조각을 말해요. 연줄은 무명실이나 명주실을 꼬아 만들었는데, 사금파리를 곱게 갈아 풀에 섞어 연줄에 바르기도 했어요. 이렇게 만든 연줄은 날카로워서 연싸움을 할 때 다른 연줄을 쉽게 끊어 놓았답니다.

가오리연

가오리 모양으로 생긴 연으로, 마름모꼴을 하고 있고 방패연에 없는 꼬리가 달려 있어요. 만들기가 간단하고 연을 띄우기도 쉬워서 아이들이 많이 가지고 놀았어요. 올라갈 때 머리를 꼬박꼬박 한다고 해서 꼬박연이라고도 부른답니다.

바람개비

바람을 이용해 노는 장난감으로는 바람개비도 있어요. 바람개비는 바람이 불면 저절로 돌지만, 바람이 없을 때는 앞으로 내밀며 달려가야 잘 돌아요. 손바닥 사이에 넣고 손잡이를 빙그르 돌리면 하늘로 부웅 날아오르기도 하지요.

풍년을 소망하는 놀이, 줄다리기

줄다리기는 우리나라뿐 아니라 가까운 중국과 일본, 그리고 동남아시아의 여러 나라에서도 인기 있는 민속놀이예요. 줄다리기를 즐겨 하는 나라들의 공통점은 바로 벼농사를 한다는 점이랍니다. 벼를 훑어 낸 짚으로 줄을 만들어 당기고 노는 줄다리기에는 풍년을 소망하는 농부들의 마음이 담겨 있어요. 줄다리기에서 이긴 편은 그해 농사가 잘 된다고 해서 서로 이기려고 안간힘을 쓰기도 했어요. 또, 여자를 뜻하는 암줄이 이겨야 풍년이 든다고 믿어 수줄 편이 일부러 져 주기도 했지요.

몸줄

줄다리기를 할 때 쓰는 길고 굵은 줄이에요. 크기는 고장에 따라 다르지만 지름이 1미터, 길이가 100미터가 넘는 것도 많았답니다. 줄이 너무 크고 무거워 그대로는 잡아당길 수 없었기 때문에 몸줄 옆에는 곁줄을 지네 다리처럼 달았어요. 줄다리기를 할 때 사람들은 이 곁줄을 당겨 승부를 겨루었지요.

암줄과 수줄은 어떻게 다를까?

줄 머리의 고리가 넓어 수줄을 끼울 수 있도록 되어 있는 것이 암줄이에요. 수줄은 줄머리의 고리가 좁아 암줄 안에 끼워 넣게 되어 있지요.

소금

줄다리기를 할 때는 한 번에 승부를 내지 않고 줄을 당겼다 쉬었다 하면서 시간을 오래 끌었어요.
큰 고을에서는 사나흘에 걸쳐서 하기도 했지요.
그래서 줄다리기 줄은 소금물을 뿌려 만들기도 했답니다. 그러면 여러 사람이 오랫동안 시합을 해도 끊어지지 않을 만큼 줄이 질기고 튼튼해지거든요.

볏짚

줄다리기는 줄을 만드는 일부터 노는 일까지 마을 사람들이 모두 힘을 합쳐 했어요. 줄은 마을의 모든 집을 돌면서 볏짚을 거두어 만들었는데, 벼농사를 짓지 않는 곳에서는 칡넝쿨로 만들기도 했어요.

오곡밥

오곡밥을 먹는 정월 대보름에는 여러 가지 놀이를 했지만, 그 중에 최고로 꼽는 것은 줄다리기였어요. 어린아이부터 나이 많은 노인에 이르기까지 마을 사람들이 거의 모두 참여해 함께 했거든요.

애기줄

정월 대보름이 되기 며칠 전부터 마을의 골목길에서는 아이들끼리 하는 줄다리기 대회도 열렸어요. 이때 쓰던 작은 줄을 '애기줄' 이라고 하지요.

솔잎

줄다리기를 할 때 자기편이 지고 있으면 구경하는 사람들이 상대편 선수의 손등을 솔잎으로 콕콕 찌르기도 했어요. 그래도 자기편이 계속 끌려가면 아예 줄에 달라붙어 함께 당기기도 했답니다.

으라차차 씨름 한 판이면 온 동네가 떠들썩

안다리걸기, 바깥다리걸기, 배지기, 한판 승!

두 사람이 맨 몸으로 어울려 힘을 겨루는 씨름은 짜릿하고 재미난 민속놀이예요. 옛날부터 씨름은 아주 인기가 많았어요. 장터처럼 사람들이 많이 모이는 곳이나 경사스러운 일이 있는 날에는 으레 씨름판이 벌어졌지요. 단오나 추석 같은 명절에는 전국에서 씨름 대회가 열렸는데, 일등을 한 사람은 황소 한 마리를 상으로 받기도 했답니다.

샅바

씨름을 할 때 허리와 허벅다리에 둘러서 묶는 천이에요. 예부터 씨름꾼들은 샅바를 매고 씨름을 했어요. 상대방의 샅바를 단단하게 쥐고 있으면 쉽게 넘어지지 않고 공격도 더 적극적으로 할 수 있지요. 그래서 씨름꾼들은 서로 샅바를 유리하게 잡으려고 신경전을 벌이곤 한답니다.

씨름은 힘만 가지고 하는 것이 아니라고?

씨름은 힘 못지않게 기술도 중요해요. 상대편이 공격해 올 때 그 힘을 이용해서 요령껏 되받아치면 아무리 힘센 상대라도 넘어뜨릴 수 있지요.

황소

씨름판이 벌어지면 장사들은 나이나 몸집에 관계없이 맞붙어 힘을 겨루었어요. 이긴 사람은 계속 도전자를 받아 시합을 했고 더 이상 도전하는 사람이 없을 때 우승자로 결정되었지요. 큰 대회에서 우승한 장사는 송아지나 황소를 상으로 받았어요.

잠방이

씨름은 흔히 웃옷을 벗고 가랑이가 짧은 홑바지를 입고 했어요. 이 홑바지를 '잠방이'라고 하는데, 잠방이는 농부들이 여름철에 입던 평상복이기도 했지요.

엿판과 엿가위

장날이면 어김없이 찾아오는 엿장수들은 네모진 엿판을 메고 다니며 엿을 팔았어요. 사람들이 많은 장터에서는 씨름판도 자주 벌어졌는데, 사람들이 씨름을 보려고 모여들면 엿장수는 엿가위로 장단을 쩔걱대며 손님을 불렀지요.

경희루

씨름은 백성부터 임금까지 모두가 좋아하던 놀이였어요. 나라에서는 단오나 추석 같은 큰 명절이나 경사스런 잔치가 있을 때, 또는 외국 사신들을 대접할 때 궁 안의 경희루에서 연회를 베풀며 씨름을 구경하곤 했답니다.

투전

화투가 등장하기 전까지 가장 인기 있는 노름이었어요. 씨름판이 벌어진 곳에서는 투전판을 비롯한 갖가지 노름판도 벌어져 사람들을 불러들였답니다.

울긋불긋 치맛자락을 날리며 뛰는 그네

놀이터에 그네가 없다면 무척 서운하겠지요? 그네뛰기는 씨름만큼 오래된 민속놀이예요. 옛날에는 아이들뿐 아니라 어른들까지 그네뛰기를 좋아해서 그네뛰기 대회도 무척 많이 열렸지요. 특히 단오 때가 되면 삼천리 방방곡곡에서 그네뛰기 대회가 열렸고, 평소에 바깥나들이를 자유롭게 할 수 없던 여자들이 밖으로 나와 그네뛰기를 즐겼답니다.

그네

여자들이 즐기던 대표적인 민속놀이예요. 단오 때 남자들은 씨름판으로 모여들고 아낙네들은 그넷줄이 있는 곳으로 모여들었지요. 그네 터에서 여자들은 그네도 뛰고 맛있는 음식도 나눠 먹으며 신 나는 하루를 보냈어요.

옛날 그넷줄은 얼마나 길었을까?

보통 키의 어른이 뛴다면, 줄 길이가 9~10미터에 이르렀다고 해요. 이보다 너무 길면 그네를 움직이기 힘들고 너무 짧으면 높이 올라가지 않아 그네 뛰는 재미가 덜했지요.

땅그네

땅에 기둥을 세우고 맨 그네를 말해요. 마을 사람들이 언제든 놀 수 있도록 옛날에는 그네를 마을 어귀나 너른 마당의 큰 나뭇가지에 매어 놓았어요. 그런데 마땅한 나무가 없거나 더 큰 그네가 필요할 때는 땅그네를 세웠답니다.

널

옛날 여자들은 널뛰기도 무척 좋아했어요.
널찍하고 기다란 나무 널 밑에 둥글게 만 멍석을 받쳐 놓고 양쪽 끝에 사람이 서서 구르며 높이 뛰어오르기를 겨루었지요.
널뛰기를 할 때는 쿵더쿵쿵더쿵 발을 구르며 공중으로 힘차게 솟구쳐 오르는 모습이 재미있기도 하고 아찔하기도 해요.

노리개

그네를 뛰러 나온 여자들은 곱게 차려입고 갖가지 치장을 했어요. 그네를 높이 뛸 때마다 한복에 매단 노리개며 장도 같은 장신구들이 찰랑찰랑 울렸지요. 그네뛰기 대회의 상품도 노리개 같은 장신구가 많았어요.

방울

그네를 얼마나 높이 뛰는지 재기 위해 그네 앞쪽에 긴 장대를 세우고 방울을 매달아 놓기도 했어요. 방울의 높이를 점점 높여 그것을 차고 내려오게 해서 그네를 뛴 높이를 쟀지요.

안전줄

줄을 잡은 두 손을 그넷줄에 고정시키기 위해 만든 고리 모양의 띠를 말해요. 안전줄을 손목에 감고 그넷줄을 잡으면, 어쩌다가 그넷줄을 놓쳐도 땅에 바로 떨어지지 않아 위험이 덜 했어요.

재미있게 일해요, 두레놀이

　마쁜 농사철에 우리 조상들은 서로 도와 가며 함께 일했어요. 여럿이 모여서 함께 일을 하면 힘들고 고된 농사일도 거뜬히 해낼 수 있었어요. 이러한 공동 작업을 '두레'라고 하고, 두레 때 하는 놀이를 '두레놀이'라고 해요. 혼자서는 해내기 힘든 모내기나 김매기를 할 때, 지루한 길쌈을 하거나 도리깨질을 할 때 옛날 사람들은 두레놀이를 하면서 피로를 풀고 흥을 돋웠답니다.

꽹과리, 징, 장구, 북, 태평소

두레 풍물에 쓰이는 악기들이에요. 모내기나 김매기, 물 대기, 벼 베기 등 두레 노동을 할 때는 풍물 가락이 빠지지 않았어요. 하루 일의 시작과 끝, 쉬는 시간이나 식사 시간의 시작과 끝을 풍물소리로 알렸고, 일을 할 때도 목청이 좋은 한두 사람이 북이나 장구를 잡고 앞소리를 하면 나머지 사람들이 받아 부르며 지루함을 달랬지요.

풍물놀이와 사물놀이는 어떻게 다를까?
풍물놀이는 일하는 사람들이 즐기기 위한 음악이에요. 하지만 사물놀이는 보여 주고 들려주기 위한 공연용 음악이지요.

도리깨

곡식을 타작할 때 쓰는 농기구예요. 마당에 멍석을 펼쳐 놓고 보리타작을 하는 날에는 서너 명이 둘러서서 함께 도리깨질을 했어요. 우리 민요 중 '옹헤야'는 이렇게 보리를 타작할 때 일하는 사람들이 부르던 노래랍니다.

점심 광주리

두레 노동을 할 때 농부들은 아침 일을 하고 새참을 먹은 뒤 잠시 쉬었어요. 그러고서 점심을 먹고 다시 쉬었는데, 이때는 막걸리도 마시고 풍물을 울리며 춤을 추고 노래를 부르거나 씨름을 했지요.

바가지

한바탕 신 나게 논 뒤에 농부들은 30분 정도 잠을 자고 오후 일을 시작했어요. 시간은 구멍 뚫린 바가지에 물을 채워 쟀는데, 쉬는 시간이 끝났는데도 누워 있으면 벌을 받았답니다.

농기

농기는 한 마을을 대표하는 깃발이에요. 두레 노동을 하는 날, 농부들은 농기를 앞세우고 풍물 소리에 맞추어 일을 하러 나갔어요. 일을 모두 끝마쳤을 때도 농기를 들고 흥겨운 풍물 소리에 맞추어 집으로 돌아왔고요.

베틀

삼베나 명주, 모시 따위의 옷감을 짜는 틀이에요. 실을 자아 베틀로 옷감을 짜기까지 필요한 모든 일을 길쌈이라고 해요. 길쌈은 주로 여자들이 했는데, 매우 고되고 지루한 일이었어요. 그래서 여럿이 모여 이야기도 나누고 노래도 부르며 함께 일을 했답니다.

백성들이 좋아하던 탈놀이

탈놀이는 광대들이 갖가지 탈을 쓰고 나와 재미있는 이야기도 하고, 노래하고 춤을 추며 노는 놀이예요. 먼 옛날에 노래와 춤으로 하늘과 신께 제사를 지내던 일에서 비롯되었다고 하지요. 탈놀이에서는 양반, 노비, 백정, 승려 등 여러 인물들이 등장해 현실을 꼬집고 비판하는 일이 많아요. 지체 높은 양반이 하인에게 망신을 당하는 것 같은 현실에서는 도저히 일어날 수 없는 일이 일어나기도 하지요. 이런 구경이 재미있어서 옛날 사람들은 탈놀이를 아주 좋아했답니다.

탈놀이는 남자들만 했다고?

옛날에는 서민들, 그 중에서도 남자들만 탈놀이에 출연했어요. 할멈이나 각시 역할을 하는 남자들은 치마저고리를 차려입고 걸음걸이나 손짓도 여자 흉내를 냈지요.

탈

탈놀이를 할 때 쓰는 가면이에요. 종이나 바가지, 나무 등으로 만들지요. 탈놀이는 주로 정월 대보름, 단옷날, 추석날 같은 명절 때 했어요. 나라에 경사스러운 일이 있거나 중요한 행사를 치를 때도 탈놀이가 빠지지 않았지요. 탈놀이는 흥겨운 춤과 노래로 끝나는데, 이때는 구경하던 사람들도 놀이판 속으로 뛰어들어 함께 춤을 추고 노래를 불렀어요.

말뚝이탈

양반집 하인 역할을 하는 말뚝이 탈이에요. 탈놀이에서 말뚝이는 재미있는 이야기나 농담을 하면서 거침없이 양반을 놀려대요. 평소에 양반들을 고깝게 여기던 사람들은 말뚝이가 한마디씩 할 때마다 맞장구를 치며 즐거워했어요.

하회탈

하회마을의 탈놀이에 쓰이던 탈이에요. 하회탈은 대부분 턱 부분을 따로 달아 움직일 수 있게 해 놓았어요. 덕분에 더욱 생동감 있고 다양한 표정을 보여 줄 수 있어요. 고개를 뒤로 젖히면 입이 크게 벌어져 웃는 표정이 되고, 고개를 숙이면 입이 꽉 다물어져서 화를 내거나 슬픈 표정이 되지요.

양반탈

대부분의 탈놀이에서 양반은 집안일에는 손도 까딱 않는 게으름뱅이에다 글공부도 안하고 놀기만 좋아하는 사람으로 그려져요. 생김새도 입이나 코가 비뚤어지거나 눈이 사팔뜨기처럼 돌아가 있는 것이 많지요. 양반을 미워하는 백성들의 마음이 표현된 거래요.

사자탈

정월 대보름날 사자탈 놀이를 할 때 쓰던 탈이에요. 안에 사람이 두어 명 들어가서 허리를 구부린 채 사자인 양 움직이며 춤을 추지요. 옛날 사람들은 사자를 세상에서 가장 사납고 무서운 동물로 여겼어요. 그래서 나쁜 귀신들을 몰아내기 위해 사자탈을 쓰고 춤을 추었답니다.

마을과 마을이 맞붙는 차전놀이

차전놀이는 두 마을의 젊은이들이 편을 갈라서 커다란 동채를 부딪치며 승부를 겨루는 놀이예요. 두 마을이 힘을 겨루는 놀이라 경기하는 사람, 응원하는 사람, 구경하는 사람까지 수많은 사람들이 참여했지요. 차전놀이 말고도 마을끼리 맞붙는 놀이는 줄다리기, 쇠머리대기 등이 있어요. 이런 놀이를 하면서 옛날 사람들은 하나로 똘똘 뭉쳐 어려운 문제를 헤쳐 나갈 힘을 모았답니다.

차전놀이를 할 때는 어떻게 편을 가를까?

한 고을을 동부와 서부로 나누는데, 사는 마을이 아니라 태어난 마을을 기준으로 나누어요. 한 형제라도 태어난 마을이 다르면 서로 다른 편에서 싸우게 되지요.

동채

차전놀이에 쓰이는 가장 중요한 도구예요. 볏짚으로 짠 멍석깔개 위에는 싸움을 지휘하는 대장이 올라서지요. 동채를 어깨에 들쳐 메는 동채꾼들은 대장의 신호에 따라 동채 머리를 쳐들며 상대편과 맞서기도 하고, 아래로 내리며 후퇴하기도 하지요. 무겁고 커다란 동채를 메고 모두가 한 몸처럼 움직이려면 동채꾼들의 협동이 아주 중요하답니다.

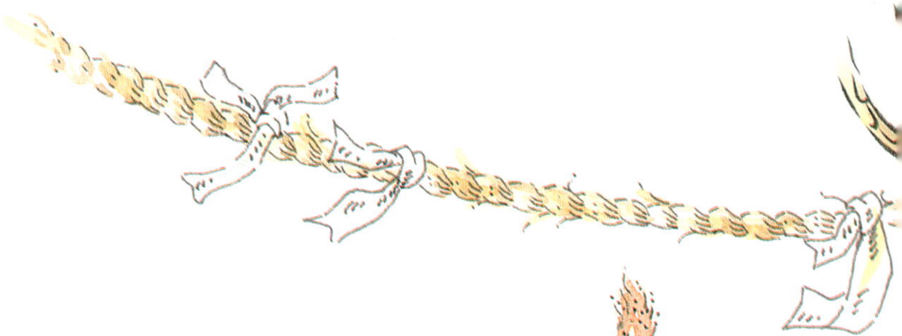

제사상

동채를 만들 나무를 벨 때는 먼저 산신에게 제사를 지냈어요. 동채는 차전놀이에서 가장 중요한 물건이기 때문에 멀리 다른 고을까지 가서 재목을 구해오기도 했어요.

나무쇠

'쇠머리대기'라는 놀이를 할 때 쓰는 물건이에요. 통나무로 머리와 몸통 부분을 짜서 만들지요. 쇠머리대기도 차전놀이처럼 상대편의 나무쇠를 부수거나 땅에 끌리게 하는 편이 이겨요. 이긴 마을은 소의 기운을 받아 그해에 풍년이 든다고 해요.

구군복

차전놀이를 할 때 양쪽 편의 대장들이 입는 옷이에요. 원래는 조선 시대 장수들이 입던 군복이지요. 대장은 동채 위에 올라서서 떨어지지 않도록 한 손으로 끈을 단단히 잡고 다른 한 손으로 손짓을 해 동채꾼들을 지휘해요.

짚신

차전놀이에서는 상대편의 동채를 눌러 땅에 닿게 하면 이긴답니다. 그래서 동채 머리를 서로 더 높이 쳐들려고 애쓰지요. 차전놀이에서 이긴 편은 신고 있던 짚신을 벗어 하늘 높이 던져 올리며 환호성을 지르고, 진 편은 짚신을 땅에 치면서 통곡하는 시늉을 해 안타까움을 드러낸답니다.

수수깡은 최고의 장난감 재료

 문구점에 가서 수수깡을 사본 적이 있나요? 미술 시간에 만들기 재료로 흔히 쓰는 수수깡은 이름만 그렇다 뿐이지 사실은 스티로폼으로 만든 가짜 수수깡이에요. 진짜 수수깡은 스티로폼이 아니라 풀줄기로 되어 있답니다. 수수의 줄기 부분, 또는 수수 줄기의 껍질을 벗겨내고 남은 심이 바로 진짜 수수깡이지요.

　수수는 볏과의 한해살이 풀이에요. 벼보다 빨리 자라고 알곡을 곡식으로 쓸 수 있기 때문에 쌀농사를 지을 수 없는 지방에서 많이 기르던 농작물이지요. 가을에 알곡을 떨어내고 남은 수수깡은 여러 모로 쓸모가 많았어요. 얼기설기 엮어 울타리를 세우는 데도 쓰고 단단히 묶어 빗자루를 만드는 데도 썼지요. 아이들은 기다란 수숫대를 잘라 칼싸움을 하거나 가랑이 사이에 끼운 채 줄줄 끌고 다니면서 말타기 놀이도 했어요. 특히 수수깡은 손톱으로 누르거나 뾰족한 것으로 찌르면 쑥쑥 들어갈 만큼 무르고 가볍기 때문에 장난감을 만드는 재료로 안성맞춤이었지요.

땅바닥에 쓱쓱 금을 긋고 노는 십자놀이

친구들과 실컷 뛰어놀면 기분이 아주 좋아지지요? 신 나게 몸을 움직이면서 놀면 우리 몸의 신진대사가 활발해져서 건강이 좋아지고 스트레스가 풀리는 효과가 있어요.

옛날 아이들은 친구들끼리 몸을 부딪치며 노는 활동적인 놀이를 많이 했어요. 그 중에서도 십자놀이는 날마다 해도 질리지 않을 정도로 재미있었답니다.

십자놀이는 땅바닥에 십자 모양(⊞)의 금을 긋고 선을 밟지 않도록 조심하면서 바깥 칸을 도는 놀이예요. 방법은 간단하지만 수비하는 쪽에서 지나가지 못하도록 방해를 하기 때문에 생각처럼 돌기가 쉽지 않답니다. 균형을 잃고 금을 밟거나 상대편에게 잡히거나 밀려 칸 밖으로 나가면 죽게 되지만, 한 사람이라도 남아서 정해진 횟수만큼 십자를 돌면 자기편 친구들을 모두 살릴 수 있지요. 그래서 십자놀이를 할 때는 재빠르고 힘이 센 친구가 최고 인기였답니다. 그런 친구가 있으면 서로 자기편으로 데려가겠다고 법석을 떨었지요.

돼지 오줌보는 최고의 축구공

 옛날, 시골에서는 잔치나 큰 행사가 있는 날이면 돼지나 소를 잡았어요. 고기 맛을 볼 기회가 흔치 않았기 때문에 마을 사람들은 이런 날을 손꼽아 기다리곤 했지요. 그런데 이때가 되면 맛있는 고기 말고도 아이들이 애타게 기다리는 것이 있었답니다. 바로 돼지나 소의 오줌보였어요. 돼지나 소의 오줌보에 바람을 빵빵하게 불어넣고 입구를 잘 묶으면 멋진 축구공이 되었거든요.

 옛날 아이들은 주로 풀공이나 짚공으로 공놀이를 했어요. 풀공은 질긴 풀을 단단하게 엮어 공처럼 둥글게 만든 것이고, 짚공은 새끼줄을 꼬아 둥글게 만든 거예요. 풀공과 짚공은 잘 구르기는 하지만 탄력이 없어서 잘 튀지는 못했어요. 그런데 오줌보로 만든 축구공은 잘

구를 뿐 아니라 탄력이 좋아 통통 잘 튀었답니다. 덕분에 공을 차는 재미가 훨씬 좋았지요. 가죽으로 만든 요즘 축구공에 비하면 너무 가볍고 잘 찢어지는 흠이 있었지만, 오줌보 축구공은 그래도 인기가 최고였답니다.

서당 아이들의 신 나는 운동회, 가마싸움

　우리가 학교에 다니듯이 옛날 아이들은 서당에 모여 글공부를 했어요. 그런데 서당에도 운동회가 있었을까요?

　경북 의성 지방에는 서당의 운동회라고 할 만한 민속놀이가 전해 온답니다. 바로 가마싸움이에요.

　옛날에 서당의 훈장님은 추석이 다가오면 고향에 다녀오기 위해 며칠 동안 서당을 비웠어요. 덕분에 방학을 맞은 아이들은 이웃 마을이나 이웃 서당 아이들과 상대편의 가마를 부수는 놀이를 했지요. 가마싸움에 쓰이는 가마는 나무로 통을 짜고 종이를 발라 만드는데, 밑에 바퀴를 네 개 달고 네 귀퉁이에 줄을 달아 전진과 후퇴를 자유로

이 할 수 있게 만들었어요.

　싸움이 시작되면 아이들은 서로 역할을 나누어 몇몇은 가마를 방어하고 몇몇은 상대편 진영으로 쳐들어갔어요. 서로 간의 가마를 놓고 치고받고 싸우다가 상대편의 진을 무너뜨리고 가마를 부수면 싸움에서 이겼지요.

　가마싸움에서 이긴 편은 상대편의 기를 빼앗아 높이 쳐들고 덩실덩실 춤을 추며 자기 서당 앞까지 행진을 했어요. 그러면 마을 사람들은 그해 과거 급제자가 많이 나오겠다며 좋아했답니다.

장기판은 초나라와 한나라의 전쟁터

　장기는 중국을 거쳐서 우리나라에 들어온 놀이예요. 붉은색과 푸른색 글자가 적힌 두 짝의 말을 판 위에 늘어 놓고 공격과 수비를 해 상대편의 대장 말을 잡는 사람이 이기지요.
　장기에서 대장을 뜻하는 가장 큰 말에는 각각 초(楚)와, 한(漢)이라는 한자가 적혀 있어요. 이것은 실제로 옛날 중국에 있었던 초나라와 한나라를 뜻한답니다. 이 밖에 장기의 말에는 전쟁에 쓰는 군사용 차를 뜻하는 '차'와 대포를 뜻하는 '포', 코끼리와 말을 뜻하는 '상'과 '마', 군사와 병졸을 뜻하는 '사'와 '졸' 등의 한자가 적혀 있어요. 대포와 말과 군사라니, 그야말로 전쟁터 같지 않나요?
　장기판 위에서 전쟁을 벌이는 초나라와 한나라는 실제로도 전쟁을

아주 많이 벌였답니다. 여러 나라로 나뉘어 있던 중국을 맨 처음으로 통일한 사람은 진시황인데, 진시황이 죽고 진나라가 멸망하자 초나라와 한나라가 천하 통일을 꿈꾸며 오랫동안 전투를 벌였지요. 이 전투는 대부분 초나라의 승리로 끝이 났어요. 하지만 마지막에는 한나라가 승리를 해 중국 전체를 통일하게 되었지요. 초나라의 왕인 항우와 한나라의 왕인 유방은 후세에 이어지는 수많은 영웅담을 남긴 사람들로, 세계적으로도 손꼽히는 라이벌이랍니다.

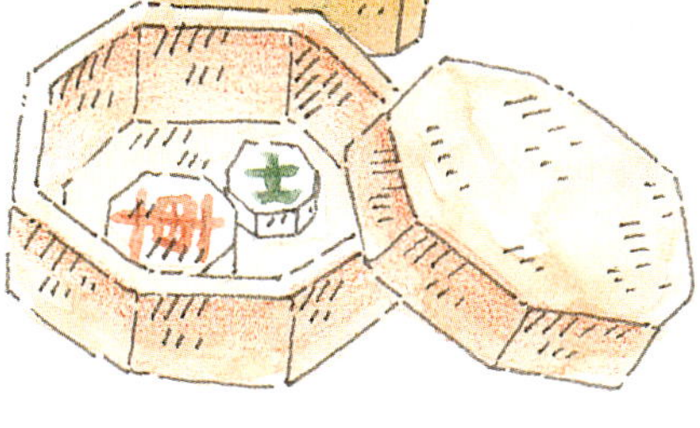

반란군을 물리친 연날리기

연날리기는 삼국시대 이전부터 하던 놀이라고 해요. 삼국시대의 역사가 기록된 《삼국사기》에는 연에 얽힌 재미난 이야기가 한 가지 실려 있답니다.

647년 신라에서 있었던 일이에요. 선덕여왕이 왕위에 오르자 여왕을 반대하는 사람들이 반란을 일으켰어요. 반란군에 맞서 싸우는 일을 맡은 사람은 훗날 삼국 통일에 큰 공을 세우게 되는 김유신이었어요.

그런데 반란군과 한창 전쟁을 치르던 어느 날, 여왕이 사는 궁궐 부근에 커다란 별똥별이 떨어졌답니다. 큰 별이 떨어지면 큰 인물이 죽거나 나라에 안 좋은 일이 생긴다는 말이 있었기 때문에 김유신의 군사들은 겁에 질렸어요. 백성들도 불안에 떨었어요. 이때 김유신은

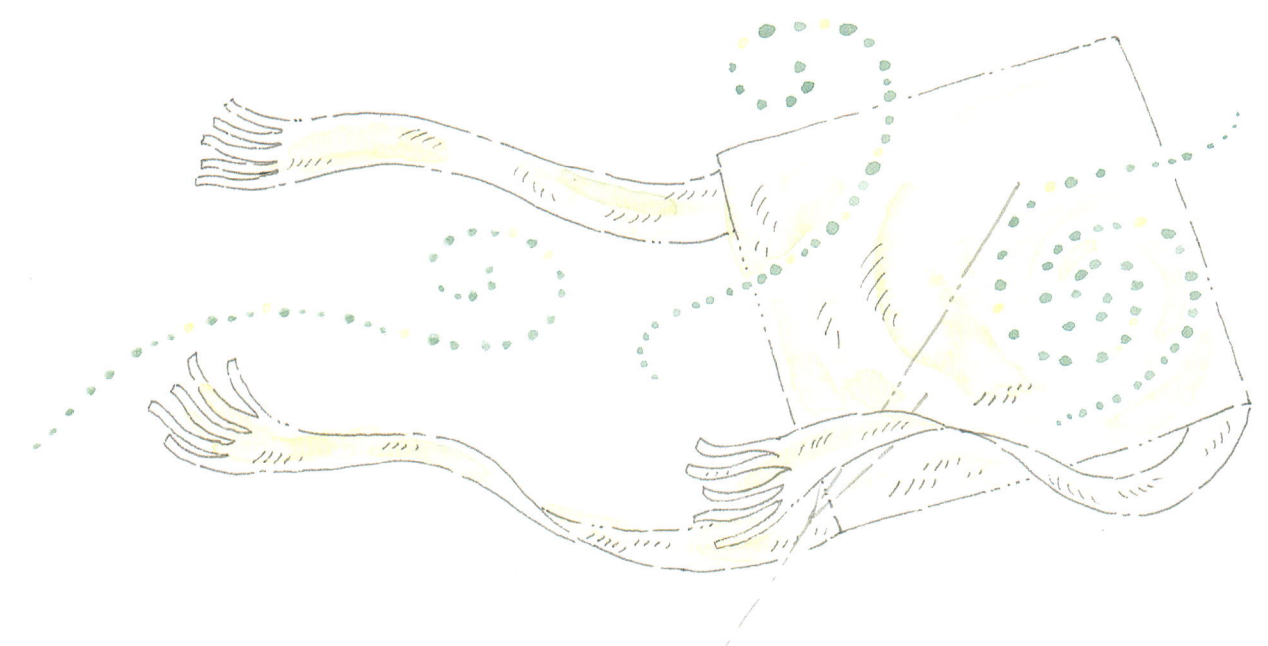

커다란 연을 만들고 불을 붙인 허수아비를 매달아 하늘 높이 올려 보냈어요. 그러고는 어젯밤에 떨어진 별이 다시 하늘로 올라갔다고 소문을 퍼뜨렸지요. 덕분에 김유신의 군사들은 사기를 되찾았고 마침내 싸움에서 이겨 반란을 억누를 수 있었답니다.

강강술래와 함께 하는 놀이

　강강술래는 추석날 보름달 아래서 부녀자들이 손에 손을 잡고 원을 그리며 노는 놀이예요. 끝이 나면 '덕석말기', '청어엮기', '고사리꺾기'와 같은 놀이를 이어서 하지요.

　덕석말기는 곡식을 말리기 위해서 멍석을 말았다가 푸는 동작을 흉내 낸 놀이예요. '말자 말자 덕석 말자'라고 노래하며 앞사람을 따라 안으로 뛰어 가다가 모두 한 덩어리가 되면, '풀자 풀자 덕석 풀

자'라고 하며 안에서부터 풀어 나오지요.

　청어엮기는 청어를 말리기 위해 짚으로 엮는 동작을 흉내 낸 놀이예요. '청청 청어 엮자 위도 군산 청어 엮자' 하고 노래하면서 맨 앞 사람부터 차례차례 뒷사람의 어깨 밑을 빠져나가며 뛰지요. 그러다 보면 어느덧 모두가 청어 두름처럼 줄줄이 엮이게 된답니다.

　고사리꺾기는 춤추는 사람들이 모두 앉아서 시작해요. 맨 앞 사람이 일어나 전체를 이끌면서 뒷사람의 팔을 차례로 넘어가 결국 모두를 일으켜 세우는 놀이예요. 놀이꾼들이 앉아 있는 것은 산에 난 고사리를 흉내 낸 동작이고 차례로 팔을 넘어가는 것은 고사리를 꺾는 모습을 흉내 낸 동작이지요.

벼슬살이를 공부하는 놀이가 있었다고?

텔레비전의 역사극을 보면 낯설고 어려운 벼슬 이름이 많이 나와요. 옛날 양반집 아이들은 놀이를 하면서 이 어렵고 복잡한 벼슬 이름들을 미리 익혔답니다. 바로 승경도놀이예요.

승경도란 '벼슬을 적어 놓은 표'라는 뜻을 갖고 있어요. 중요한 벼슬 이름이 적힌 도표를 갖다 놓고 윤목을 던져 나오는 대로 말을 옮기며 노는데, 가장 먼저 영의정과 도원수에 오르는 사람이 이기도록 되어 있어요.

승경도놀이의 벼슬살이는 실제 벼슬살이처럼 만만하지 않답니다. 승진을 하려면 시험도 통과해야 하고 길을 잘못 들어 귀양을 가거나 사약을 받을 수도 있지요. 귀양을 간 사람은 처음부터 다시

시작할 수도 있지만 사약을 받은 사람은 놀이에서 빠져야 한답니다.

양반집 도령들은 글공부를 잘해 과거에 급제하고 관직에 오르는 것이 가장 큰 소망이었어요. 그래서 어릴 때부터 이런 놀이를 하면서 수많은 관직의 등급과 이름을 익히고, 높은 관리가 되는 꿈을 키웠지요.

양반들은 무엇을 하며 놀았을까?

　신분과 계급의 구별이 뚜렷하던 조선 시대에는 양반과 일반 백성들이 여가 시간을 즐기는 방식도 아주 달랐어요. 책을 읽고 글공부하는 것이 중요한 일과였던 양반들은 여가 시간에 붓글씨를 쓰거나 사군자 그림을 즐겨 그렸어요. 글씨를 잘 쓰는 사람은 명필로 소문이 나서 제자가 되려는 사람들이 줄을 잇기도 했지요. 날씨가 좋은 봄가을에 양반들은 경치 좋은 야외로 나가 시를 짓고 읊는 모임도 가졌어요. 거문고 연주도 양반들이 좋아하던 취미였어요. 가야금보다 소리가 깊고 그윽한 거문고는 선비를 상징하는 악기로 꼽히기도 해요.

　손님들이 놀러오면 양반들은 마당에서 투호놀이를 하기도 했어요. 화살을 쏘아 과녁판을 맞추는 활쏘기와 달리 투호는 화살을 손으로 던져서 단지 안에 집어넣는 놀이예요. 언뜻 간단해 보이는 놀이지만

화살을 던질 때 어깨를 기울이면 안 되는 등 까다로운 규칙들이 많았지요. 단지와 화살의 크기와 모양도 여러 가지이고 화살이 꽂히는 모양에 따라 점수도 다 달랐고요.

양반들은 몸을 심하게 움직이거나 왁자지껄 떠들어서는 안 되는 등 일상생활에서 지켜야 할 규범이 많았어요. 그래서 씨름, 줄다리기, 윷놀이 같은 백성들의 민속놀이에는 참여하지 않고, 점잖고 조용한 분위기에서 마음을 수양하고 교양을 쌓을 수 있는 놀이들을 주로 했답니다.

칠교놀이

일곱 조각으로 이루어진 칠교판을 이리저리 움직여 여러 가지 모양을 만드는 놀이예요. 남녀노소 누구나 때와 장소에 구애받지 않고 할 수 있지요. 옛날에는 손님이 와서 음식을 준비할 때 기다리는 동안 심심하지 말라고 손님에게도 많이 권했답니다.

꽃

비행기

자동차

기러기